漢書

中原與四方的交流

Book of Han
Han Dynasty and its Neighbors

繪本

故事◎王宇清
繪圖◎李遠聰

在漢朝北方邊境，
游牧民族匈奴是最大的隱憂。
他們不時侵略漢朝的領土，燒殺擄掠。
匈奴強大的騎兵，
讓開國初期國力尚弱的漢朝難以對抗，
只好採取消極的「和親」政策，
勉強換取和平。

然而，匈奴卻仍不時侵擾邊境。
漢武帝即位後，
他的雄才大略為漢朝
帶來前所未有的富強。
面對不斷逼進的匈奴，
他想趁著國力強盛時，消滅匈奴。
但僅靠漢朝的力量，恐怕有困難。
這讓武帝感到苦惱。

龍城

烏孫

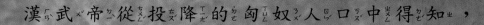

漢武帝從投降的匈奴人口中得知，
另一個游牧民族大月氏，
與匈奴有著深仇大恨，
因此想聯合大月氏，共同出兵弭平匈奴。
可是，要與大月氏結盟，
使者必須穿越匈奴的領地，困難重重。
該派誰去好呢？

匈奴

長安

西

漢

7

一位名叫張騫的小官員，自告奮勇前往。
出使西域，是空前的任務，充滿未知的危險，
可不是人人都能勝任的呀！
只見眼前的年輕人體格健壯，
目光炯炯，口齒伶俐，加上自信與勇氣，
讓漢武帝相當欣賞。

於是，獲得漢武帝信任的張騫，
帶著胡人隨從堂邑父等一百多人，
展開了一段遠超乎他們預料的艱困旅程。

由於找不到去過西域的人，
張騫必須自己摸索路線。
面對劇烈的氣候變化、陌生語言和環境，
遙遠旅程所帶來的水土不服與糧食缺乏，
讓一行人吃足了苦頭。
想要以這樣的狀態穿越匈奴的領地，
機會十分渺茫。

12

恐懼竟然成真！儘管他們萬分小心，
卻仍被匈奴軍隊發現，成了俘虜。
在被押送途中，絕望的念頭襲上張騫心頭——
自己不但要葬身異鄉，
更要辜負皇上的託付了。
「不！我絕不輕言放棄！」
張騫暗自振作。

張¹ᵗᵃ̄ⁿᵍ騫ⁿ被ᵇᵉ̀ⁱ押ʸᵃ到ᵈᵃ̀ᵒ匈ˣⁱᵒ̄ⁿᵍ奴ⁿᵘ́領ˡⁱ̌ⁿᵍ袖ˣⁱ̀ᵘ單ᶜʰᵃ́ⁿ于ʸᵘ́的ᵈᵉ面ᵐⁱ̀ᵃⁿ前ᵠⁱᵃ́ⁿ。
單ᶜʰᵃ́ⁿ于ʸᵘ́質ᶻʰⁱ́問ʷᵉ̀ⁿ他ᵗᵃ̄們ᵐᵉⁿ來ˡᵃ́ⁱ此ᶜ̌ⁱ的ᵈᵉ目ᵐᵘ̀的ᵈⁱ̀。
幸ˣⁱ̀ⁿᵍ好ʰᵃ̌ᵒ，張ᶻʰᵃ̄ⁿᵍ騫ⁿ憑ᵖⁱ́ⁿᵍ藉ʲⁱᵉ̀靈ˡⁱ́ⁿᵍ敏ᵐⁱ̌ⁿ的ᵈᵉ口ᵏᵒ̌ᵘ才ᶜᵃ́ⁱ，
不ᵇᵘ̀僅ʲⁱ̌ⁿ於ʸᵘ́一ʸⁱ̄死ˢ̌ⁱ，還ʰᵃ́ⁱ贏ʸⁱ́ⁿᵍ得ᵈᵉ́單ᶜʰᵃ́ⁿ于ʸᵘ́的ᵈᵉ賞ˢʰᵃ̌ⁿᵍ識ˢʰⁱ̀。
為ʷᵉ̀ⁱ了ˡᵉ拉ˡᵃ̄攏ˡᵒ̌ⁿᵍ張ᶻʰᵃ̄ⁿᵍ騫ⁿ，單ᶜʰᵃ́ⁿ于ʸᵘ́將ʲⁱᵃ̄ⁿᵍ張ᶻʰᵃ̄ⁿᵍ騫ⁿ軟ʳᵘ̌ᵃⁿ禁ʲⁱ̀ⁿ在ᶻᵃ̀ⁱ境ʲⁱ̀ⁿᵍ內ⁿᵉ̀ⁱ，
賜ᶜ̀ⁱ給ᵍᵉ̌ⁱ他ᵗᵃ̄妻ᑫⁱ̄子ᶻ̌ⁱ，並ᵇⁱ̀ⁿᵍ生ˢʰᵉ̄ⁿᵍ下ˣⁱᵃ̀兒ᵉ́ʳ子ᶻ̌ⁱ。

16

表面上與匈奴人融洽相處的張騫，
從未忘記自己的使命，
仍保留著代表漢使身分的節杖，
並且將所見所聞都記錄下來。
他以無比的耐心等待著匈奴人鬆懈心防，
好乘機逃脫。
這一等待，竟是十年。

時機終於到來。

他忍痛拋下妻兒，逃向大月氏。

倉皇中，經常面臨糧食缺乏的危機。

幸好忠心又善於打獵的堂邑父，

總讓張騫不至於挨餓。

歷盡千辛萬苦，張騫終於到達大月氏。

但是，結果卻更令他失落。

原來大月氏人征服了大夏的領土，
已過著富饒安定的生活，失去了向
匈奴復仇的欲望。拼命對大月氏女
王進行遊說的張騫，最後仍徒勞無
功。厄運接踵而來，回長安的路上，
張騫竟被匈奴二度擒獲。

幸好一年多後，單于過世，
匈奴的國政陷入混亂，
張騫又有了脫逃的機會。
他帶著妻兒和堂邑父，終於回到漢朝。
張騫出使時，帶著一百多人的隨從，
十三年後，回到漢朝時，
竟只剩下兩個人倖存。

大難不死的張騫，

雖然沒有達成原先出使的目的，

卻為漢武帝帶回不一樣的寶物——

那就是他十三年來豐富的西域見聞。

這些見聞是再多財寶也換不到的情報啊！

武帝迫不及待想聽張騫的報告。

在ㄗㄞˋ漫ㄇㄢˋ長ㄔㄤˊ的ㄉㄜ˙異ㄧˋ鄉ㄒㄧㄤ歲ㄙㄨㄟˋ月ㄩㄝˋ中ㄓㄨㄥ，

他ㄊㄚ將ㄐㄧㄤ走ㄗㄡˇ過ㄍㄨㄛˋ的ㄉㄜ˙路ㄌㄨˋ、 到ㄉㄠˋ過ㄍㄨㄛˋ的ㄉㄜ˙國ㄍㄨㄛˊ家ㄐㄧㄚ、 看ㄎㄢˋ見ㄐㄧㄢˋ的ㄉㄜ˙事ㄕˋ物ㄨˋ、

聽ㄊㄧㄥ到ㄉㄠˋ的ㄉㄜ˙傳ㄔㄨㄢˊ聞ㄨㄣˊ， 都ㄉㄡ一ㄧ一ㄧ牢ㄌㄠˊ記ㄐㄧˋ心ㄒㄧㄣ中ㄓㄨㄥ。

當ㄉㄤ他ㄊㄚ提ㄊㄧˊ到ㄉㄠˋ葡ㄆㄨˊ萄ㄊㄠˊ、 汗ㄏㄢˋ血ㄒㄧㄝˇ馬ㄇㄚˇ、 苜ㄇㄨˋ蓿ㄙㄨ……

這ㄓㄜˋ些ㄒㄧㄝ前ㄑㄧㄢˊ所ㄙㄨㄛˇ未ㄨㄟˋ聞ㄨㄣˊ的ㄉㄜ˙東ㄉㄨㄥ西ㄒㄧ，

更ㄍㄥˋ讓ㄖㄤˋ武ㄨˇ帝ㄉㄧˋ聽ㄊㄧㄥ得ㄉㄜ˙興ㄒㄧㄥˋ味ㄨㄟˋ盎ㄤˋ然ㄖㄢˊ， 對ㄉㄨㄟˋ西ㄒㄧ域ㄩˋ充ㄔㄨㄥ滿ㄇㄢˇ了ㄌㄜ˙想ㄒㄧㄤˇ像ㄒㄧㄤˋ。

因為張騫的用心，
為漢朝揭開了西域長久以來的神秘面紗。
由於張騫對西域的了解，
漢朝對匈奴的戰爭有了很大的進展。
張騫因此被封為「博望侯」──
博望的意思是，擁有寬廣的眼光與見識。

儘管當時對匈奴的幾場戰役告捷，
順利將匈奴趕到漠北，
但匈奴殘存的勢力仍十分棘手。
武帝又幾次召見張騫，詢問西域的情勢，
想要找出殲滅匈奴的方法。
張騫向武帝進言，
建議與烏孫王昆莫聯手。

武帝相當認同張騫的看法，
命他帶領三百位部下，以及大量的珍寶，
第二次出使西域。
此次隨行的還有好幾位副使，而這些副使，
就像是漢朝文化的信鴿，一路上，
被張騫派往不同的國家交流考察。

張騫順利抵達烏孫，
向烏孫王昆莫傳達了
漢武帝的賞賜與旨諭。
然而，
烏孫王並沒有
給予肯定的答覆。
儘管任務又失敗，
張騫不忘繼續分派
副使前往其他國家。
他心中堅信，這些努力，
總會有開花結果的一天。

當ㄉㄤ張ㄓㄤ騫ㄑㄧㄢ回ㄏㄨㄟ國ㄍㄨㄛ時ㄕ，
昆ㄎㄨㄣ莫ㄇㄛ也ㄧㄝ派ㄆㄞ了ㄌㄜ使ㄕ者ㄓㄜ致ㄓ贈ㄗㄥ寶ㄅㄠ馬ㄇㄚ向ㄒㄧㄤ漢ㄏㄢ武ㄨ帝ㄉㄧ道ㄉㄠ謝ㄒㄧㄝ。
來ㄌㄞ訪ㄈㄤ的ㄉㄜ烏ㄨ孫ㄙㄨㄣ使ㄕ者ㄓㄜ，更ㄍㄥ見ㄐㄧㄢ證ㄓㄥ了ㄌㄜ漢ㄏㄢ朝ㄔㄠ的ㄉㄜ強ㄑㄧㄤ盛ㄕㄥ。
在ㄗㄞ張ㄓㄤ騫ㄑㄧㄢ過ㄍㄨㄛ世ㄕ後ㄏㄡ，他ㄊㄚ派ㄆㄞ出ㄔㄨ的ㄉㄜ使ㄕ者ㄓㄜ陸ㄌㄨ續ㄒㄩ返ㄈㄢ回ㄏㄨㄟ，
同ㄊㄨㄥ時ㄕ也ㄧㄝ帶ㄉㄞ回ㄏㄨㄟ西ㄒㄧ域ㄩ各ㄍㄜ國ㄍㄨㄛ使ㄕ者ㄓㄜ。
此ㄘ後ㄏㄡ，西ㄒㄧ域ㄩ和ㄏㄜ漢ㄏㄢ朝ㄔㄠ之ㄓ間ㄐㄧㄢ，再ㄗㄞ無ㄨ隔ㄍㄜ閡ㄏㄜ。

籠城

匈 奴

大月氏

烏 孫

●長安

西 漢

40

張騫出使西域的寶貴見聞與冒險事蹟，
詳細記錄在《漢書》裡，名留青史。
他開通西域之路，
讓中國與西域的文化交流日益頻繁，
對世界產生了巨大的影響。

漢書

中原與四方的交流

讀本

原典解説◎王宇清

班固以「斷代史」的方式編寫《漢書》，後代史官修史書都遵循這個形式，到底誰跟這位偉大的史家有關呢？

班固（32 年～ 92 年）是《漢書》的主要作者，他在少年時期就已經展現出過人的才華。他繼承父業編寫《漢書》，只記述西漢一代的歷史，以強調漢朝的地位，後代的官修史書都沿用這個方式。不過班固還沒寫完《漢書》就過世了，由他妹妹班昭和同鄉人馬續接寫完成。《漢書》的人物傳記也極有特色，展現出西漢盛世的繁榮景象和精神。

班固

班固的父親，也是東漢出名的史學家。班彪延續司馬遷的《史記》，作後傳六十五篇，成為班固寫作《漢書》的基礎。

班彪

相關的人物

班超

班超

TOP PHOTO

班固的弟弟。班超為官府抄寫書籍，但因胸懷大志，選擇加入對匈奴的戰爭。班超不只有軍事才能，也有外交手腕，使得西域的國家不得不歸順漢朝，一起對付匈奴。班固編寫《漢書》，卻遭人誣陷私修國史而入獄，也是班超為哥哥辯護，讓班固無罪開釋。左圖為清朝丁善長所繪班超像。

班固的妹妹，是東漢出名的女文學家，更是中國第一位女性歷史學家。竇憲叛亂失敗，班固受到牽連被抓，還來不及完成《漢書》便死於監獄。皇帝便命令班昭與同鄉人馬續完成《漢書》中的〈天文志〉和八表。右圖為清朝金古良《無雙譜》中的班昭。

班昭

傅毅

班固是歷史學家，也是文學家。他在蘭臺工作時，曾經批評同事傅毅的文筆雖然不錯，但太過囉唆，「下筆不能自休」。後來的人便說文人互相輕視、批評，果然是自古就有的現象。

种競

漢和帝

种競是洛陽的首長，班固的家奴曾經得罪他，使他懷恨在心。當竇憲叛亂失敗被捕之後，种競便趁機報復，指控班固與竇憲有密切的關係，而讓他冤屈的死在牢中。

漢和帝是東漢的第四位皇帝。他即位時才十歲，所以朝中大事都由竇太后與其兄長竇憲掌握。竇憲家族作風蠻橫，漢和帝日漸懂事，便與宦官合作，抓了竇憲，解決了外戚的問題。班固曾在漢和帝時期與竇憲一同出擊匈奴。他未寫完就過世，漢和帝便命班昭接寫完成《漢書》。

班固的父祖都以博學聞名當世，說明《漢書》的成就並非偶然。

班婕妤

樂府題解班婕妤美而能文大為成帝
所寵後幸飛燕姊冠於後宮婕妤自
知思溝禮得罪求供養太后於長信宮
因為賦及紈扇詩以自傷

辛卯季夏下浣元和吳嘉猷寫

TOP PHOTO

出生

相關的時間

入太學

私修史書

32 年

班氏家族以畜牧起家，漢成帝時，因班氏家族有女班婕妤成為皇帝妃子，而開始顯達。班固剛出生時，西漢王朝已經分崩離析，全國尚未統一，其中公孫述在四川稱帝，號為「白帝」。上圖為班婕妤，清朝吳友如繪。

47 ～ 54 年

班固十六歲進入太學讀書，太學是漢朝最高的教育機構。班固博覽群書，不限於固定的門派，也不拘泥於文字上的細節，所以發展出宏觀的視野。後來因為父親班彪過世，他返回家鄉，也開始撰寫《漢書》。

62 年

班固寫作《漢書》的時候，因為有人檢舉他私自撰寫國史，而被抓了起來。漢明帝讀過他的草稿後，很欣賞他的文采，不但同意他繼續寫作，還讓他當蘭臺令史，管理皇家的圖書。

63 年

班固擔任蘭臺令史期間，奉命撰寫〈世祖本紀〉，即東漢光武帝的傳記。接著又獲得郎官的職位，負責校訂書籍。班固雖然受到皇帝的欣賞，但職位並不高，所以漢朝派竇憲攻打北匈奴時，班固便積極參與，追求立功的機會。

校書郎

73 年

班固的家族不只以學問而聞名，也立下了許多戰功。王莽時期，西域與中國斷絕來往，因此成為北匈奴的勢力範圍。東漢時，竇固討伐北匈奴，派遣班超經營西域。班固的弟弟班超智勇兼備，曾發下「不入虎穴，焉得虎子」這句千古傳誦的豪語。右圖為明朝《瑞世良英》書中的〈耿秉北擊匈奴圖〉，描繪耿秉與竇固一同出征，對抗匈奴。

經營西域

TOP PHOTO

白虎通義

79 年

漢章帝想效法西漢宣帝石渠閣講經的例子，因此在白虎觀召開學術會議，讓今古文的學者辯論五經異同，並親自裁決。班固擔任會議記錄，編成了《白虎通義》一書。

92 年

竇憲是竇太后的哥哥，漢和帝時因征討匈奴有功而官拜大將軍，成為皇帝以外最有權力的人。後來，竇憲想要叛亂當皇帝，但失敗被殺，班固也遭受牽連，還來不及完成《漢書》便死於獄中。

冤死獄中

班固曾擔任蘭臺令史，因此後人也以「蘭臺」稱呼史官。

蘭臺是皇宮內收藏圖書的地方，收藏皇帝詔令、政府公文、法律圖書與各地方的統記資料，由御史中丞兼管。後來又設立蘭臺令史，負責撰寫歷史，班固曾擔任此職位。所以蘭臺也有「御史」或「史官」等意思。

蘭臺令史

《史記》的記載止於漢武帝時代，所以有些人便去收集武帝以後的資料，補充《史記》。班彪認為這些著作的品質不高，於是自己參考了一些歷史材料，作了六十五篇的後傳。日後班固便以此書為雛形，寫作《漢書》。

史記後傳

相關的事物

斷代史

秘書之副

《漢書》的架構基本上沿襲《史記》，不過將「書」改為「志」，廢除「世家」併入「列傳」。全書由十二紀、八表、十志、七十列傳組成，記載了劉邦開國到王莽篡漢之間共兩百二十九年的歷史，是中國第一部紀傳體的斷代史。

秘書指宮中秘藏的書籍，秘書之副便是書籍的副本。班固的伯祖父班斿，曾與劉向共同校訂書籍。皇帝欣賞班斿的才能，便將宮中圖書的副本賞賜給他。班固寫《漢書》時，因此有了許多資料。

漢章帝召集經學家到白虎觀，討論五經異同，《白虎通義》（右圖）便是這次會議的結論。《白虎通義》不只統一經學的說法，還討論了國家與社會各種制度的原則，以及各種行為的準則。漢章帝很重視這些結論，將它視為統治的基本原則。

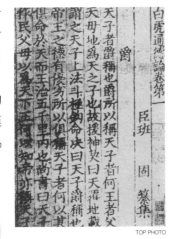

班固不只是史學家，還是個文學家。〈兩都賦〉分為〈西都賦〉與〈東都賦〉。東漢定都洛陽，班固藉著賦中的人物對長安與洛陽的評論，對洛陽進行美化歌頌，認為它的盛況已經超過了長安。

白虎通義

兩都賦

畫像石

畫像石是漢朝雕刻在墓室、祠堂四壁，一種裝飾性的石刻壁畫。畫像石上的雕刻，繼承了戰國時期繪畫的風格，也對漢朝以後的石窟藝術等造成影響，具有承先啟後的意義。上圖為東漢時期胡漢交兵畫像石，描繪漢朝與匈奴長期征戰的歷史場景。山東省博物館山東地區石刻藝術展。

班固為了追求立功的機會，積極參加對北匈奴的戰爭，但也埋下後患。

班固出生地為扶風安陵，也就是現在陝西咸陽。他的祖先原本是楚人，在秦末之際，曾以畜牧為業，被秦滅國後遷移到山西一帶。一直到他的祖父班況才遷入關中，開始累積學術的資本。

班固剛出生時，天下尚未統一，因此有一段時間隨父親班彪避難到甘肅的天水。之後班彪又到河西，依附大將軍竇融，當他的軍師，後來更勸他支持劉秀。

相關的地方

扶風安陵

天水

徐縣

燕然山

TOP PHOTO

竇融歸順漢朝之後，向劉秀推薦班彪。劉秀派班彪出任徐縣的縣令，班固也跟著到徐縣，但不久班彪即因生病而辭職，專心在家寫書。徐縣位於今日的江蘇省，已經改名為泗縣。上圖為泗縣洪澤湖。

燕然山就是今日蒙古的杭愛山。班固跟隨竇憲出征北匈奴，一路追到了燕然山，並且在此刻石記功。班固與竇憲都是扶風人，家族原本就是世交，征伐北匈奴之役讓兩家的關係變得更親密，卻也因此埋下隱患。

班固墓

班固墓位於扶風縣以東十公里處，即今日的太白鄉浪店村。雖然班固墓被列為重點文物保護單位，但因為沒有良好的維護，顯得極為荒涼破落。

居延塞

居延塞是漢朝所建的長城中的一段，位於內蒙古額濟納旗東北方。「居延」是匈奴語，意思是「天」。竇憲出征北匈奴的隔年，漢朝得知北匈奴有意臣服，想前來覲見皇帝，因此派班固為使者，至居延塞迎接。但北匈奴尚未入關，便遭到南匈奴的攻擊，而逃回了北方。

玉門關

TOP PHOTO

玉門關是漢朝與西域交界的門戶，位在甘肅省敦煌西北方。班固的弟弟班超長期鎮守西域，老了以後想念家鄉，於是上書請求退休。有詩一句：「不敢望到酒泉郡，但願生入玉門關」，表明急切的思鄉之情。

51

張騫

　　張騫，字子文，漢中（今陝西省城固縣）人，生年不詳，卒於公元前114年。由於他的傑出表現，《漢書》中描述他「強壯有力、心胸寬大，能以信服人，所以蠻夷之人愛戴」；梁啟超更稱讚他為「堅忍磊落奇男子，世界史開幕第一人」。

　　西漢時的西域，範圍大約是玉門關、陽關（今甘肅敦煌西部）以西，蔥嶺以東、崑崙山以北、巴爾喀什湖以南的區域。與漢朝比鄰的匈奴，是來自西域的巨大威脅。但是在張騫出使西域之前，漢朝對西域的了解非常有限。

　　張騫第一次出使西域，雖未達成原先的目標，仍為漢朝在軍事、政治、文化上帶來空前的助益。他主要遊歷大宛、康居、大月氏及大夏四國，同時也探聽了這些國家與周邊國家的山川地形、風俗民情，並詳盡的向武帝報告，為漢朝開啟了新視野。

　　張騫的所見所聞都記錄在《漢書‧西域傳》以及《漢書‧匈奴傳》中。張騫詳細敘述大宛國的地理位置，以及該國葡萄、汗血

騫身所至者，大宛、大月氏、大夏、康居，而傳聞其旁大國五六，具為天子言其地形，所有語皆在西域傳。

——《漢書·張騫李廣利傳》

馬等特產。其中，汗血馬引起了愛馬的漢武帝的高度興趣，認為獲得這些馬匹，將有助於對抗匈奴騎兵。再者是位於大宛東北方的烏孫國，人民善於使用弓箭，十分驍勇善戰。雖然名義上臣屬於匈奴，但態度上並非全然服從。張騫第二次出使烏孫，欲與之結盟，便是根據這些情報做出推斷。

　　除了兩次通西域，張騫還曾經嘗試為漢武帝開拓了一條經過四川、西南夷，通過身毒（今天的印度）到西域的便捷路線，目的在於避開匈奴領土而能直接到達西域。在第一次自西域返回時，張騫根據自己的見聞，向漢武帝提出這個構想，獲得了漢武帝的肯定。可惜當張騫從四川派出使者，兵分四路進行探索時，遭遇了困難的地形與少數民族的攻擊，最後鎩羽而歸。不過，由這個事例中，我們更進一步看出張騫勇於冒險、充滿開拓精神的探險家本色。

後歲餘，其所遣副使通大夏之屬者皆頗與其人俱來，
於是西北國始通於漢矣。然騫鑿空，諸後使往者皆稱
博望侯，以為質於外國，外國由是信之。

—《漢書·張騫李廣利傳》

張騫第一次出使西域的豐富閱歷，使他熟知地形與水草分布，
在對匈奴的戰爭中產生了實際的助益。公元前 123 年，張騫擔任校
尉，協助西漢大將軍衛青，率領十餘萬騎兵，出征匈奴伊稚斜單于
的大本營，斬殺匈奴超過一萬人，獲得勝利。張騫因功受封為「博
望侯」。

而公元前 121 年，張騫再度隨著李廣出擊匈奴。然而，張騫卻
因為延誤了部隊會合的時機，在此次戰役失敗後，被依軍法判處死
刑。張騫以博望侯的身分贖罪，雖免去一死，但被貶為平民。即便
如此，武帝仍十分倚重張騫的西域經驗，仍經常召見他詢問西域情
勢，作為攻打匈奴的參考。

到了公元前 119 年，武帝接受了張騫的建議，再度派他出使西域，執行聯合烏孫以「斷匈奴右臂」的外交政策。第二次出使西域，張騫率領三百部眾、牛羊萬頭、金幣布帛數千鉅萬，浩浩蕩蕩的上路了。此行並帶了許多副使，一路上分派他們出使大宛、康居、大月氏、大夏、安息、身毒各國，將漢朝的聲威傳遞出去。

　　張騫兩次出使西域，所開拓出來的路線，打開了西域、甚至西方國家與漢朝之間聯繫的管道，被後人譽為「鑿空」。透過絲路，中國與西域得以利用這條路線進行貿易活動；漢朝的絲綢、瓷器得以流傳西方，使漢朝聲名遠播，而西方的芝麻、黃瓜、石榴等農產品、香料、珍禽異獸，玉石珍寶，甚至音樂、魔術、宗教信仰如佛教，也透過這條通道傳播到中國，豐富了中國的文化。

　　另一方面，張騫重信守諾，深獲西域各國的信任，使得往後出使西域的使者都自稱「博望侯」，並願留做人質以為外交保證，讓外國更加信任漢使，亦為往後中國的外交使節樹立了傑出的典範。

漢武帝

漢武帝，名劉徹，是漢朝的第七位皇帝。他十六歲登基，在位時間共五十四年，他的文治武功將漢朝推向全盛時期，稱為「漢武盛世」。

漢武帝的文治，後世幾乎都給予肯定。他罷黜百家，獨尊儒術，自此中國以儒學作為治理國家的根本，孔子、孟子的思想因而成為中國政治、社會、教育、文化的核心。

而武帝最為人所稱道的，莫過於注重人才的開發。他建立了察舉制度，即人才的選拔由地方長官在轄區內隨時考察，當他們選取了優秀的人才，便會推薦給上級或中央。這些人經過試用考核後，便會被任命官職，這是中國有制度選拔人才的開始。

除此之外，武帝甚至還親自擔任主考官，目的就是要拔擢出真正的賢才。而且他用人唯才，不會輕視出身貧寒的人士，像是討伐匈奴的兩員大將——衛青、霍去病，就分別是奴僕和奴隸之子。這

自騫開外國道以尊貴，其吏士爭上書言外國奇怪利害，求使。天子為其絕遠，非人所樂，聽其言，予節，募吏民無問所從來，為具備人眾遣之，以廣其道。

—《漢書·張騫李廣利傳》

也是為什麼像張騫這樣沒有顯赫背景與出身的人，也能夠有機會擔任重要職務、進而建立偉業的原因。

在張騫以「博望侯」名聲遍傳西域，獲得了顯赫尊貴的身分後，引起了一股出使西域的熱潮。張騫的部下紛紛上書給朝廷，描述各國的奇聞軼事，以求取出使外國的機會。漢武帝考慮到西域的路途遙遠又危險，一般人大多不願意前往，所以便接受了這些請求，並授予他們漢朝使節的身分。漢武帝招募這些官吏與百姓，非但不過問他們的出身，還安排部下供他們任用差遣，以開通西域的管道。

後世把秦始皇和漢武帝並稱為「秦皇漢武」，意指他們都是建立豐功偉業的帝王。但是漢武帝之所以更勝秦始皇一籌，就在於他能識人、能容人、能用人，才能開創西漢的鼎盛時期。

如武帝之雄材大略，不改文景之恭儉以濟斯民，雖詩書所稱何有加焉！ ——《漢書‧武帝紀》

做為一位開創性的帝王，漢武帝開疆拓土的武功為他帶來褒貶不一的評價。武帝即位後，一改前代「文景之治」所倡導的無為而治、休養生息的作風，積極對外征戰，拓展漢朝版圖。在外交方面，他對匈奴的態度有了一百八十度轉變，放棄以往消極的將漢朝公主嫁給匈奴單于，以求取和平的和親政策，開始派兵征討匈奴。

《漢書》中記載武帝出兵征戰匈奴的行動不計其數，尤其大將軍衛青與驃騎將軍霍去病更是多次擊退匈奴，戰績輝煌。公元前119年，武帝調集十萬軍馬，由衛青和霍去病各領五萬騎兵前往漠北，深入兩千餘里，大破匈奴，稱為漠北之戰。這場戰役，使得匈

奴遷移到更北邊的地方，長城內外不再受到匈奴威脅，人民得以安居樂業。

　　此外，武帝也將觸手探向西南，不僅平定南越、西南夷，還向東征服朝鮮半島，也首次統治了海南島及海南諸島地區。武帝在位時期，漢朝疆土擴大了近一倍，也奠定了日後中國疆土的基礎。

　　戰爭讓漢朝的聲威遠播，版圖擴張，但連年征戰卻使得國家財務吃緊，百姓深受賦稅徭役之苦，甚至出現人吃人的慘劇，全國各地接連爆發農民起義，這也成了武帝備受抨擊的地方。

　　班固認為漢武帝具有傑出的才能和遠見，而且能夠延續文帝、景帝恭儉的作風，即使是《詩經》和《尚書》中所稱頌的古代賢王，也不過如此。由此可見，班固給予武帝很高的評價。

　　「雄材大略」的確切中漢武帝的特質，至於「不改文景之恭儉以濟斯民」，在歷史上卻爭議十足。武帝晚年曾反省自己並昭告天下：自己造成了百姓的痛苦，從此不再窮兵黷武，勞民傷財。這樣的自省，讓他的功過留給後世更多評判省思的空間。

軍臣單于

　　匈奴是游牧民族，它統一了東北亞草原上的其他游牧民族，以蒙古高原為中心，南邊沿著長城與秦漢為界。游牧民族平時以狩獵、游牧及畜牧為主要的經濟活動，但為了增加生活資源與財富，必須向農耕社會取得所需物資，所以才會不斷向南侵略中國。

　　在冒頓、老上、軍臣三個單于時期，匈奴國勢達到全盛。單于是匈奴人對部落聯盟首領的專稱，意指廣大，地位相當於中國的皇帝。漢朝初期，漢高祖劉邦親自率兵征討匈奴，被冒頓單于圍困在平城七天七夜，稱為「平城之圍」。之後，漢朝便開始採和親政策，意謂必須以皇室公主下嫁單于，並贈予匈奴大量金銀布帛。從漢高祖到漢武帝時期，前後一共送了十位漢朝公主給匈奴。

　　公元前 162 年，冒頓單于的兒子老上單于攻破大月氏，並且將月氏王的頭顱，當成飲酒的酒器。流亡的大月氏人，發誓有一天要向單于報此血仇。此時，一心想改變對匈奴政策的漢武帝，從來降的匈奴人得到這個情報。漢武帝打算派使者到大月氏去結盟，於是

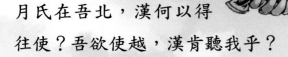

月氏在吾北，漢何以得
往使？吾欲使越，漢肯聽我乎？

——《漢書·張騫李廣利傳》

促成了張騫第一次出使西域的機會。

　　但是，出使大月氏必須經過匈奴的領地，張騫不幸被匈奴虜獲，並且被送到當時的匈奴王軍臣單于面前。軍臣單于知道張騫的目的後，並未因此殺害張騫，只是就一位敵國領袖的立場提出質疑：「大月氏在我國的北邊，漢人怎麼可能達到出使的目的？如果今天我想派人出使越國，漢人也願意讓我們通過嗎？」

　　軍臣單于的一席話，展現了他對於自己國力的自信，以及對於當時各國局勢的了解。想必張騫也以其卓越的口才和勇氣贏得軍臣單于的欣賞，一如他當初毛遂自薦爭取到出使的機會一般，所以軍臣單于才會留他活口，並賜給他妻子，羈留他十餘年。

漢使馬邑人聶翁壹間闌出物與匈奴交易，陽為賣馬邑城以誘單于。單于信之，而貪馬邑財物，乃以十萬騎入武州塞。——《漢書·匈奴傳》

漢武帝一方面派張騫出使西域，一方面展開軍事行動，表現出他攻打匈奴的決心。

漢元光二年，也就是公元前 133 年，漢武帝接受馬邑（今山西省朔州市朔城區）豪紳聶壹的建議，設下「馬邑之謀」。他們計畫利用財物引誘軍臣單于出兵馬邑，再以三十萬大軍包圍馬邑，一舉殲滅匈奴主力。

於是，聶壹假裝是出塞經商的商人，藉著參見軍臣單于的機會，欺騙單于說自己有人馬可以斬殺馬邑城的官員，若能再透過匈奴的

援助，馬邑城的牲畜財物全部都能歸匈奴所有。另一方面，武帝則命令韓安國、李廣、公孫賀、王恢四位將軍，暗中埋伏三十萬大軍包圍馬邑，希望一舉殲滅匈奴。

軍臣單于貪圖馬邑城的財物，原本已經中計，率領了十萬大軍越過長城，前往馬邑。不過，機警敏銳的軍臣單于，發現一路上只有牲畜，卻不見放牧的人群，心中暗自起了疑心。於是，他先攻下馬邑附近的一座烽火臺，虜獲了一名漢朝的小官員。在嚴刑逼供之下，小官員將漢朝的計謀全部向軍臣單于供出。軍臣單于大吃一驚，立刻率領軍隊撤退。漢朝的軍隊想追擊，卻已經來不及了。這就是漢朝知名的「馬邑之謀」，又稱「馬邑之圍」。

「馬邑之謀」雖然失敗了，卻是漢朝對匈奴政策轉變的重要分水嶺。漢朝與匈奴可說自此正式決裂，匈奴從此拒絕與漢朝和親，還多次派兵襲擊邊塞地區，侵入邊境劫掠，情勢非常緊張，戰爭可說是一觸即發。

漢朝在往後十餘年間，與匈奴多次交戰，連連得勝。

烏孫王昆莫

　　烏孫國位於匈奴和月氏的西邊，與匈奴同樣也是以游牧為主的族群。烏孫人擅長使用弓箭，以畜牧狩獵為主，不從事農耕。畜產中又以養馬最為發達，而烏孫馬是極為出色的良駒，漢武帝後來獲得烏孫馬時，曾大為讚賞，稱為「天馬」，之後改稱為「西極馬」。

　　烏孫王昆莫，本名獵驕靡，昆莫是烏孫國對其領袖的尊稱，獵驕靡是一位極具傳奇色彩的領袖，他與大月氏、匈奴與漢朝之間，有著相當微妙複雜的政治軍事關係。

　　根據張騫探聽到的消息，獵驕靡的父親難兜靡在大月氏入侵烏孫時遭到殺害，烏孫的國土也被侵占，烏孫的人民於是逃奔匈奴。昆莫的褓父抱著還是嬰兒的獵驕靡逃走時，為了覓食而先將獵驕靡放在草叢中，回來時卻驚見有狼為獵驕靡哺乳、烏鴉銜著肉在上方盤旋。他的褓父認為獵驕靡有神靈保護，抱著他投靠匈奴，冒頓單于於是收養了獵驕靡。

子昆莫新生，傅父布就翎侯抱亡置草中，為求食，還，
見狼乳之，又烏銜肉翔其旁，以為神，遂持歸匈奴，
單于愛養之。 ──《漢書·張騫李廣利傳》

　　獵驕靡長大成人後，單于將流亡至匈奴的烏孫人民交還
給他，並且命他帶兵出征，立下不少戰功。獵驕靡請求單于讓他
出兵大月氏，以報殺父的仇恨。驍勇善戰的獵驕靡一舉攻下大月
氏，並且驅逐大月氏人。

　　此後，獵驕靡的勢力逐漸壯大。在軍臣單于過世之後，他便
不願臣服於匈奴，匈奴因而出兵征討獵驕靡，不料卻被獵驕靡擊
潰。匈奴人於是更相信獵驕靡具有神力，此後不敢隨意進攻，而
烏孫與匈奴也形成兩國對立的局勢。

　　當時漢朝對匈奴的戰事接連告捷，當時已貶為平民的張
騫趁機向漢武帝提出策略，建議致贈珍寶給貪戀漢朝財物的
獵驕靡，並把公主嫁給他，與烏孫結成兄弟之邦，藉此截斷
匈奴右方的勢力。這樣一來，還能將烏孫以西的國家，如大
夏等國，都招為漢朝的藩屬。張騫的計策獲得了武帝的採納，
也讓張騫為自己爭取到第二次出使的機會。

武帝即位，令騫齎金幣往。昆莫見騫如單于禮，騫大
慙，謂曰：「天子致賜，王不拜，則還賜。」昆莫起
拜，其它如故。 ——《漢書·西域傳》

當張騫到了烏孫，昆莫用接見匈奴單于使節的禮節來接見張
騫，令張騫十分惱怒。但張騫深知昆莫貪愛財寶，便乘機對昆莫說：
「這是天子賞賜給您的金幣與布帛，大王您如果不跪拜接受，這些
寶物將會歸還漢朝。」昆莫於是跪拜接受金幣與其他的禮物。然而，
收下禮物的昆莫，並未正面答應張騫聯合出兵匈奴的提議。

當時年邁的昆莫心中存在著諸多考量：一來因為烏孫距離漢朝
十分遙遠，儘管對漢朝的富庶強盛略有耳聞，但仍抱著懷疑的態度；
再者，烏孫實際上也已分裂成三股勢力，非他所能完全掌控；再加
上和鄰近匈奴的臣屬關係，都讓昆莫不敢隨意答應這個提議。

不過，烏孫對漢朝仍然相當感興趣。在張騫回漢朝時，派出數
十位使臣同行，並致贈漢武帝數十匹上好的寶馬。烏孫使者到了漢

朝，終於親眼見識到漢朝的富庶強盛。使者稟告昆莫後，昆莫才轉變態度，開始重視漢朝。因此，他送了上好的馬匹，表示願通婚，與漢朝結為兄弟之邦。

　　昆莫以一千匹上好的寶馬作為聘禮，而武帝則將江都王劉建的女兒細君公主嫁給昆莫為妻。不過此時匈奴因昆莫與漢朝友好，而想對烏孫發動攻擊。年邁的昆莫採取了兩邊討好的策略，將細君公主立為右夫人，另一方面也娶了匈奴妻子，立為左夫人。

　　儘管如此，漢朝仍算是獲得了重大的外交進展，拓展了在西域的勢力。昆莫過世後，細君公主依習俗嫁給昆莫的兒子軍須靡。而細君公主過世後，漢朝又將楚王劉戊的女兒解憂公主嫁給軍須靡。

　　武帝兩次以公主聯姻，奠定了漢朝與烏孫的友好關係，因而到了漢宣帝時，烏孫曾與漢朝聯手，發動大軍進攻匈奴，大獲全勝，可說是印證了張騫當時的遠見。

當漢書的朋友

那是一個強盛朝代的開始，也是一場偉大冒險的啟程。

《漢書》是中國歷史上第一部斷代史，記載了西漢從劉邦立國以來，共兩百多年的故事。它的出現，成為後代人們撰寫史書的典範，讓後來的歷史學家接續著記錄一個又一個朝代的重要篇章。

《漢書》厲害的地方還不僅於此！

它留下的紀錄，讓我們看到在那個年代上離我們很遠很遠的漢朝，有許多偉大、傑出、有趣的人事活躍著，就如同在我們眼前一樣。像是出使西域的張騫，還有〈西域傳〉關於西域各個國家的認識與描繪；或是〈地理志〉中詳細記錄了漢朝國土的地理研究；以及〈藝文志〉中羅列了從秦朝到漢朝的學術發展等等。

與《漢書》當朋友，你可以看到西漢輝煌燦爛的文化，當時的人民如何生活、帝王如何治理，還有中原與周圍各個國家的往來與戰爭。你也可以看到張騫完成一場偉大冒險的勇氣、漢武帝面對匈奴的決心、漢朝公主與外邦和親的堅強，還有那一路綿延的絲路，翻山越嶺跋涉的商人，所運送的絲綢、葡萄、香料等珍貴物產。

當《漢書》的朋友，你可以看到當時人們的生活樣貌，他們如何了解其他國家，他們知道這個世界很大，不管是往西走、往南去，都會遇到許多不同的民族。當《漢書》的朋友，你會發現，它不僅記錄了歷史，也讓所有人看到了在那個時代裡，人們所看見的、想像的世界。

我是大導演

看完了漢書的故事之後，
現在換你當導演。
請利用紅圈裡面的主題（西域），
參考白圈裡的例子（例如：匈奴），
發揮你的聯想力，
在剩下的三個白圈中填入相關的詞語，
並利用這些詞語畫出一幅圖。

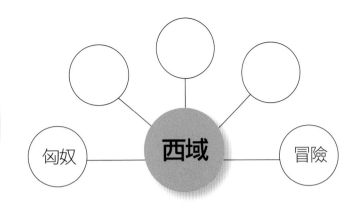

經典少年遊

youth.classicsnow.net

◎ 少年是人生開始的階段。因此，少年也是人生最適合閱讀經典的時候。

因為，這個時候讀經典，可以為將來的人生旅程準備豐厚的資糧。

因為，這個時候讀經典，可以用輕鬆的心情探索其中壯麗的天地。

◎ 【經典少年遊】，每一種書，都包括兩個部分：「繪本」和「讀本」。

繪本在前，是感性的、圖像的，透過動人的故事，來描述這本經典最核心的精神。

小學低年級的孩子，自己就可以閱讀。

讀本在後，是理性的、文字的，透過對原典的分析與說明，讓讀者掌握這本經典最珍貴的知識。

小學生可以自己閱讀，或者，也適合由家長陪讀，提供輔助說明。

001 左傳　春秋時代的歷史
The Chronicle of Tso: The History of the Spring and Autumn Period

故事／林安德　原典解說／林安德　繪圖／柳俏

三公交會，引發了什麼樣的政治危機？兩個謀士互相鬥智，又造就了一段什麼樣的歷史故事？那是一個相互兼併與征伐的時代，同時也是個能言謀士輩出的時代。那些鬥爭與辯論，全都刻畫在《左傳》中。

002 史記　史家的絕唱
Records of the Grand Historian: The Pinnacle of Chinese Historiography

故事／林怡君　原典解說／林怡君　繪圖／袁靜

李廣「飛將軍」面對匈奴大軍毫無懼色，為漢朝立下許多戰功，卻未能獲得相稱的爵位，最後抱憾而終。從黃帝到漢武帝，不論是帝王將相、商賈名流，貫穿三千多年的歷史，《史記》成為千古傳頌的史家絕唱。

003 漢書　中原與四方的交流
Book of Han: Han Dynasty and its Neighbors

故事／王宇清　原典解說／王宇清　繪圖／李遠聰

張騫出使西域，不僅為漢朝捎來了塞外的消息，也傳遞了彼此的物產與文化，開拓一條史無前例的通道，成就一趟偉大的冒險。他的西域見聞，都記錄在《漢書》中，讓大家看見了草原與大漠，竟然是如此豐富美麗！

004 列女傳　儒家女性的代表
Kao-tsu of Han: The First Peasant Emperor

故事／林怡君　故事／林怡君　繪圖／楊小婷

她以身作則教孩子懂得禮法，這位偉大的母親就是魯季敬姜。不僅連孔子都多次讚譽她的美德，《列女傳》更記錄下她美好的德行，供後世永流傳。《列女傳》收集了中國歷代名女人的故事，呈現不同的女性風範。

005 後漢書　由盛轉衰的東漢
Book of Later Han: The Rise and Fall of Eastern Han

故事／王蕙瑄　原典解說／王蕙瑄　繪圖／李莎莎

《後漢書》記錄了東漢衰敗的過程：年幼的皇帝即位，而外戚掌握實權。等到皇帝長大了，便聯合身邊最信任的宦官，奪回權力。漢桓帝不相信身邊的大臣，卻事事聽從甜言蜜語的宦官，造成了嚴重的「黨錮之禍」。

006 三國志　三分天下始末
Record of the Three Kingdoms: The Beginning of the Three Kingdoms Period

故事／子魚　原典解說／子魚　繪圖／Summer

曹操崛起，一統天下的野心，卻在赤壁遭受挫折，僅能雄霸北方，留下三國鼎立的遺憾。江山流轉，近百年的分裂也終將結束，西晉一統三國，三國的分合，盡在《三國志》。

007 新五代史　享樂亂政的五代
New History of the Five Dynasties: The Age of Chaos and Extravagance

故事／呂淑敏　原典解說／呂淑敏　繪圖／王韶薇

李存勗驍勇善戰，建立後唐，史稱後唐莊宗。只是他上任後就完全懈怠，和伶官一起唱戲作曲，過著逍遙生活。看歐陽修在《新五代史》中，如何重現後唐莊宗從勤奮到荒唐的過程。

008 資治通鑑　帝王的教科書
Comprehensive Mirror for Aid in Government: The Guidance for Emperors

故事／子魚　原典解說／子魚　繪圖／傅馨逸

唐太宗開啟了唐朝的黃金時期。從玄武門之變到貞觀之治，這條君王之路，悉數收錄在《資治通鑑》中。翻開《資治通鑑》，各朝各代的明君賢臣、良政苛政，皆蒐羅其中，成為帝王治世不可不讀的教科書。

◎ 【經典少年遊】，我們先出版一百種中國經典，共分八個主題系列：
詩詞曲、思想與哲學、小說與故事、人物傳記、歷史、探險與地理、生活與素養、科技。
每一個主題系列，都按時間順序來選擇代表性的經典書種。

◎ 每一個主題系列，我們都邀請相關的專家學者擔任編輯顧問，提供從選題到內容的建議與指導。
我們希望：孩子讀完一個系列，可以掌握這個主題的完整體系。讀完八個不同主題的系列，
可以不但對中國文化有多面向的認識，更可以體會跨界閱讀的樂趣，享受知識跨界激盪的樂趣。

◎ 如果說，歷史累積下來的經典形成了壯麗的山河，那麼【經典少年遊】就是希望我們每個人
都趁著年少，探索四面八方，拓展眼界，體會山河之美，建構自己的知識體系。
少年需要遊經典。
經典需要少年遊。

009 蒙古秘史 統一蒙古的成吉思汗
The Secret History of the Mongols: The Emergence of Genghis Khan
故事／姜子安　原典解說／姜子安　繪圖／李菁菁
北方的草原，一望無際，游牧民族在這裡停留又離去。成吉思汗在這裡
出生成長，統一各部族，開創蒙古帝國。《蒙古秘史》說出了成吉思汗
的一生，也讓我們看到了這片草原上的故事。

010 臺灣通史 開闢臺灣的先民足跡
A General History of Taiwan: Footprints of the First Pioneers
故事／趙予彤　原典解說／趙予彤　繪圖／周庭萱
《臺灣通史》，記錄了原住民狩獵山林，還有荷蘭人傳教通商，當然還
有漢人開荒闢地的故事。鄭成功在臺灣建立堡壘，作為根據地。雖然他
反清復明的心願無法實現，卻讓許多人在這裡創造屬於自己家園。

經典
少年遊

youth.classicsnow.net

003
漢書 中原與四方的交流
Book of Han
Han Dynasty and its Neighbors

編輯顧問（姓名筆劃序）
王安憶 王汎森 江曉原 李歐梵 郝譽翔 陳平原
張隆溪 張臨生 葉嘉瑩 葛兆光 葛劍雄 鄭培凱

故事：王宇清
原典解說：王宇清
繪圖：李遠聰
人時事地：曾柏偉

編輯：張瑜珊 張瓊文 鄧芳喬
美術設計：張士勇
美術編輯：顏一立
校對：陳佩伶

企畫：網路與書股份有限公司
出版者：大塊文化出版股份有限公司
台北市10550南京東路四段25號11樓
www.locuspublishing.com
讀者服務專線：0800-006689
TEL：+886-2-87123898
FAX：+886-2-87123897
郵撥帳號：18955675
戶名：大塊文化出版股份有限公司
法律顧問：全理法律事務所董安丹律師

總經銷：大和書報圖書股份有限公司
地址：新北市新莊區五工五路2號
TEL：+886-2-8990-2588
FAX：+886-2-2290-1658
製版：沈氏藝術印刷股份有限公司

初版一刷：2013年4月
定價：新台幣299元